RECHT und MEDIZIN

E. Baader

Beweiswert und Beweisfolgen des statistischen Unwirtschaftlichkeits-beweises im Kassenarztrecht

Springer-Verlag
Berlin Heidelberg New York Tokyo

Dr. Emil Baader
Richter am Bundessozialgericht
Graf-Bernadotte-Platz 5
3500 Kassel

ISBN-13: 978-3-540-15576-8 e-ISBN-13: 978-3-642-82546-0
DOI: 10.1007/978-3-642-82546-0

Herstellung: G. Appl, Wemding
2119/3140-543210

Vorwort

Mit dem statistischen Beweis der Unwirtschaftlichkeit kassenärztlicher Leistungen tun sich alle Beteiligten schwer. Der *Sozialgerichtsbarkeit* ist es aufgegeben, mit dieser in der Rechtsgeschichte völlig neuen Beweisform erstmals umzugehen. Darüber gibt es manchen Stoßseufzer ihrer Richter, auch der Revisionsrichter. Ein Senatsvorsitzender an einem Berufungsgericht hat das Unbehagen der Tatsachengerichte treffend so zum Ausdruck gebracht: „Bei den Tatsachenfeststellungen haben wir ungeheure Schwierigkeiten; wo anfangen, wo aufhören, wie verwirklichen?"

Neue Formen der Bewältigung öffentlicher Aufgaben - wie der von den Kassenärztlichen Vereinigungen angewandte statistische Vergleich als Mittel, die ärztlichen Leistungen ihrer Mitglieder auf ihre Wirtschaftlichkeit zu überprüfen - liefern eben nicht gleichzeitig das Rüstzeug zur begrifflichen Durchdringung und rechtssystematischen Ordnung, die beide notwendig sind für jede Rechtsprechung, die ihre Funktion erfüllen will: Rechtsstreitigkeiten nicht nur den materiellen Rechtswerten entsprechend, sondern auch ohne Willkür, also in gleichgelagerten Fällen gleich zu entscheiden.

Die Rechtsprechung des Bundessozialgerichts geht bisher u.a. davon aus, daß der statistische Nachweis der Unwirtschaftlichkeit ärztlicher Leistungen zwar ein sog. Anscheinsbeweis sei, daß dieser Beweis vom Arzt jedoch nicht nur „erschüttert", sondern - durch die Geltendmachung von „Praxisbesonderheiten" - voll widerlegt werden müsse; dabei wurde auch eine gegenbeweisliche Einzelfallprüfung nicht ausgeschlossen.

Mit der nachfolgenden Arbeit wird der Versuch unternommen, zur Klärung dieser neuartigen Beweisproblematik beizutragen.

Kassel, Mai 1985 E. Baader

Inhaltsverzeichnis

Einleitung

Bei der Prüfung der Wirtschaftlichkeit der kassenärztlichen (=kassen- und vertragsärztlichen) Leistungen verfahren die Prüforgane der Kassenärztlichen Vereinigungen weitgehend nach der Methode des statistischen Vergleichs. Sie vergleichen rein quantitativ - nämlich nach durchschnittlichen Kosten pro Patient - die Leistungen des Arztes mit denen seiner Fachkollegen und schließen bei einer groben Überschreitung - dem sog. offensichtlichen Mißverhältnis - auf die Unwirtschaftlichkeit der Behandlungs- bzw. Verordnungsweise. Das Bundessozialgericht hält diese Methode für rechtlich zulässig, fordert allerdings die Einhaltung bestimmter Grundregeln; das Bundesverfassungsgericht hat sie verfassungsrechtlich ausdrücklich gebilligt (Beschluß vom 29. Mai 1978, Az 1 BvR 951/77).
Während über die Notwendigkeit des Gebotes der Wirtschaftlichkeit kassenärztlicher Leistungen und einer entsprechenden Überprüfung weitgehende Übereinstimmung bestehen dürfte, ist die genannte statistische Methode als Mittel der Überprüfung zwar nicht unumstritten, wird aber i. allg. doch wohl in der Art akzeptiert, mit der man ein notwendiges Übel zu billigen pflegt. Ob ein allgemeiner Konsens aber auch noch insoweit besteht, als es um den Beweiswert und um die Beweisfolgen des offensichtlichen Mißverhältnisses geht, erscheint zweifelhaft. Hier - bei den Fragen des Beweiswertes und der Beweisfolgen - liegen jedenfalls die Hauptschwierigkeiten der gesamten Problematik.

Um dem Problem des Beweiswertes und der Beweisfolgen des offensichtlichen Mißverhältnisses beizukommen, erscheint es zweckmäßig, sich die Prüfungssituation zunächst so vorzustellen, als ob es die Methode des statistischen Vergleichs gar nicht gäbe.

Unwirtschaftlichkeit

Der Kassenarzt darf solche Leistungen nicht erbringen, die für die Erzielung des Heilerfolgs „nicht notwendig“, in diesem Sinne also „unwirtschaftlich“ sind.
Die Behörde, die damit betraut ist, die Wirtschaftlichkeit der kassenärztlichen Versorgung zu überprüfen, hat sich also mit der Frage zu befassen, inwieweit die Leistungen des Kassenarztes „nicht notwendig“ bzw. „unwirtschaftlich“ waren.
Um von einer ärztlichen Leistung sagen zu können, sie sei nicht notwendig bzw. unwirtschaftlich gewesen, muß man eine Vorstellung von dem haben, was ärztlich notwendig gewesen wäre und was über diese Notwendigkeit hinausgeht. Mit anderen Worten: Das Nichtnotwendige läßt sich nur denken und bestimmen durch den Ausschluß und damit durch die Bestimmung des Notwendigen; erst das, was notwendig ist, kann etwas darüber aussagen, was nicht notwendig ist. Das Nichtnotwendige setzt begriffslogisch auf dem Notwendigen auf und kann ohne dieses überhaupt nicht bestimmt werden.
Welche ärztliche Leistung ist also „notwendig“? Wenn sie den Sinn hat, zur „Heilung“ beizutragen, dann bedeutet dies, daß sie auf irgendeine Weise dahin tendieren muß, die Gesundheit (wieder-) herzustellen oder doch wenigstens deren Verschlechterung zu verhindern. Nicht notwendig wäre also alles das, was über diese Heilungstendenz hinausgeht und in diesem Sinne überflüssig ist.

Überprüfung der Unwirtschaftlichkeit und Beweislast

Eine Überprüfung dessen, was „notwendig" und was „überflüssig" ist, läßt sich nur vornehmen durch eine Vergegenwärtigung der medizinischen *Indikation*. Notwendig ist das, was unter Berücksichtigung der konkreten Krankheit - ihres Erscheinungsbildes und ihrer Ursachen und Wirkungen - zweckmäßig erscheint, sei es im Rahmen der diagnostischen Erkenntnis des Krankheitsbildes, sei es beim (eigentlichen) therapeutischen Einsatz eines Mittels. So wie die Indikation der Maßstab des ärztlichen Handelns ist, so ist sie auch das *eigentliche* Mittel, die Unwirtschaftlichkeit dieses Handelns zu objektivieren. Zur nachträglichen Feststellung, was medizinisch notwendig war, bedarf es aber nicht nur der Vergegenwärtigung der Summe der *Krankheitszeichen,* wie sie sich dem Arzt seinerzeit darstellte (und ihrer medizinischen Einordnung), sondern auch einer (darauf aufbauenden) Beurteilung der (damaligen) *Behandlungsmöglichkeiten* (diagnostischer oder therapeutischer Art). Diese Hinweise lassen schon ahnen, daß die konkrete Überprüfung der ärztlichen Einzelleistung auf ihre Wirtschaftlichkeit *nahezu unmöglich* ist.

Zunächst aber soll anhand der bisher gewonnen Merkmale untersucht werden, welche Arten von unwirtschaftlichen Leistungen es überhaupt geben kann. Bei der zu diesem Zweck vorgenommenen Reihung haben solche Fälle außer Betracht zu bleiben, wo der Arzt eine (gebührenordnungsgemäße) Leistung abrechnet, die er gar nicht erbracht hat. Denn die Prüfung, ob eine ärztliche Leistung notwendig bzw. überflüssig war, setzt begrifflich voraus, daß überhaupt eine ärztliche Leistung vorliegt. Insoweit trägt der Arzt, da er von der Behörde eine Gegenlei-

stung für eine angeblich erbrachte Leistung fordert, die Beweislast; er trägt das Risiko der Nichterweislichkeit der Leistungserbringung dergestalt, daß der Mangel der Aufklärbarkeit zu seinen Lasten geht.
Ausgehend von der Überlegung, daß jede im obigen Sinne unzweckmäßige Leistung auch unwirtschaftlich ist, bietet sich folgende Reihung an:

a) Die Leistung war nicht indiziert, weder objektiv noch subjektiv.
b) Die Indikation der Leistung war fraglich, ihre Zweckmäßigkeit wäre aber bei Anwendung der im Verkehr erforderlichen Sorgfalt auszuschließen gewesen.
c) Die Indikation der Leistung war fraglich, ihre Zweckmäßigkeit wäre aber auch bei Anwendung der erforderlichen Sorgfalt nicht auszuschließen gewesen.

Was bedeutet diese Reihung für die Frage der Beweislast?

Nehmen wir einmal an, es ginge bei der Wirtschaftlichkeitsprüfung nur um Fälle der unter Ziffer c) genannten Art. Läge hier bei umstrittener Wirtschaftlichkeit die Beweislast beim Arzt, hätte er also das Risiko der Nichterweislichkeit der Wirtschaftlichkeit zu tragen, so würde dies zu ganz unsinnigen Ergebnissen führen. Es würde bedeuten, von ihm zu verlangen, alles zu unterlassen, was nicht mit Sicherheit zum Heilerfolg führt. Das ist aber nicht der Sinn ärztlicher Tätigkeit.
Die diagnostischen Feststellungen und therapeutischen Entscheidungen des Arztes lassen sich nicht (im Sinne zweiwertiger Logik) nach dem Prinzip „richtig oder falsch" beurteilen. Selbst da, wo er die ihm obliegende, den Erfahrungssätzen der medizinischen Wissenschaft entsprechende Sorgfalt außer Acht gelassen hat, läßt sich noch nicht zwingend schließen, daß die Leistung unzweckmäßig gewesen sei. Erst recht liegt eine „richtige" ärztliche Maßnahme nicht schon deshalb vor, weil mit ihr keine medizinischen Erfahrungssätze verletzt wurden. Operier-

te der Arzt aus wohlerwogenen medizinischen Gründen erfolgreich *gegen* die überkommenen Regeln der ärztlichen Kunst, so war seine Leistung nicht unzweckmäßig; und ließ er bei einer erfolglosen Operation einen nicht erkennbaren Risikofaktor unberücksichtigt, so wird seine Maßnahme nicht deshalb richtig, weil er sich im Rahmen der medizinischen Erfahrung hielt. Die objektive Richtigkeit der ärztlichen Maßnahme hat also nicht unbedingt etwas mit der Einhaltung ärztlicher Erfahrungsregeln zu tun. Die hochkomplizierten Interdependenzen psychophysischer Abläufe bringen es mit sich, daß zahlreiche krankheitsrelevante Erscheinungen bloß zufällig, also (zwar im Einzelfall nicht ohne Grund, aber doch) ohne Gesetzmäßigkeit oder auch nur ohne eine gewisse Häufigkeit auftreten, so daß sie für uns „auf Zufall" beruhen. Um so mehr besteht daher schon aus subjektiven Gründen eine weitgehende Unbestimmbarkeit der entsprechenden Abläufe, die in weiten Teilen nicht zu überschauen und nicht zu verifizieren sind. Das bedeutet, daß der Arzt bei seinen Maßnahmen zwar ein grobes Raster mehr oder weniger häufigkeitstypischer Erfahrungssätze anlegen kann, dazwischen aber weitgehend auf die Methode von „Versuch und Irrtum" angewiesen ist. Der Arzt trägt mit anderen Worten keine Erfolgshaftung, sondern nur die Verantwortung für eine Behandlung nach den Regeln der ärztlichen Kunst unter Anwendung der im Einzelfall erforderlichen Sorgfalt. Er kann nach allgemeinen Erfahrungssätzen Heilanstöße geben, ist den Heilungskräften aber ebenso unterworfen wie sein Patient.

Aber auch in den Fällen, wo die Erfüllung bzw. Nichterfüllung der Sorgfaltspflicht darüber entscheidet, ob die Leistung noch als „zweckmäßig" angesehen werden kann, hat nicht der Arzt die Beweislast für die Wirtschaftlichkeit seiner Leistungen, sondern die Prüfbehörde die Beweislast für die Unwirtschaftlichkeit zu tragen. Im Beweisrecht gilt der Grundsatz, daß die Nichterweislichkeit eines anomalen Hinderungsgrundes bzw. eines Erlöschensgrundes eines Rechts prozessual zu Lasten desjenigen geht, der sich (gegenüber dem sich auf den Rechtsanspruch berufenden Gegner) auf solche Ausnahmen beruft. Dieser Satz bedeutet zunächst einmal, daß er die bestehende normale Rechtsposition schützt, indem er demjenigen, der diesen Zustand zu seinem Vorteil ändern will, die Beweislast aufbürdet für das Vorliegen der die Position (von Rechts wegen) ändernden Tatsachen; das ist die *bewahrende* Funktion der Beweislastregel. Gegen die normale Rechtsposition steht aber nicht nur derjenige, welcher etwa wirtschaftliche Güter auf sich verlagert haben will, sondern auch derjenige, welcher einen rechtlich anomalen Zustand aufrechtzuerhalten versucht; wer z. B. einen anderen festnehmen oder sonst seiner Freiheit berauben will, bedarf der rechtlichen Legitimation und ist insoweit beweispflichtig, gleichgültig ob Privatperson oder Anklagebehörde. Die bewahrende Funktion der Beweislastregel besteht aber nicht um ihrer selbst willen. Da es sich bei der Frage der Beweislast um eine Ja/Nein-Entscheidung handelt, eine dritte Möglichkeit also auszuscheiden hat (tertium non datur), kann es nur darum gehen, die beiden Alternativen (wertend) gegeneinander abzuwägen: Soll denjenigen, der sich etwa eines Anspruchs auf Umverteilung berühmt, die Beweislast treffen für die tatsächlichen Voraussetzungen dieses Anspruchs, oder soll die Beweislast sein Anspruchsgegner tragen? Man sieht, es liegt in der Natur der Rechtsordnung, gar nicht anders entscheiden zu können als im erstgenannten Sinne. Die bewahrende Funktion der Beweislastregel ist nichts anderes als die Folge des primären Rechtswillens, bestimmte Lebensgüter rechtlich zu verifizieren und sie damit auf eine bestimmte Weise zu Rechtsgütern zu machen. Indem die Rechtsordnung die Freiheit des einzelnen zum Rechtsgut erklärt, muß sie, um sich nicht selbst aus den Angeln zu heben, auch dafür sorgen, daß dieses Rechtsgut nicht durch Beweislastregeln gefährdet oder gar als Rechtsinstitut zerstört wird. Beweislastregeln haben also zwar den Anschein, bloße (formelle) Prozeßregeln zu sein. In Wirklichkeit sind sie aber, jedenfalls soweit sie nichtprozessuales Recht betreffen, materieller Natur und dabei von erstrangiger Bedeutung. Beweislastregeln sind jeder Rechtsordnung immanent und insofern von hoher Allgemeinheit, als sie in ihrer die einzelnen Rechtsgutsordnungen *stabilisierenden* und *sanktionierenden* Funktion einen übergreifenden Charakter aufweisen. Aus all dem aber folgt: Wo uns der obengenannte Beweislastgrundsatz nicht klar erkennen läßt, inwieweit es sich um „normale Entstehungsursachen eines Rechts" (bzw. um „normale" Rechtspositionen) einerseits oder um „anomale Hinderungs- und Erlöschungsgründe" (bzw. um „anomale" Rechtspositionen) andererseits handelt, da dürfen wir die Verteilung der Beweislast daran orientieren, welche der beiden Entscheidungsmöglichkeiten - und das ist die eigentliche Frage im Beweisrecht - die soziale und rechtliche Güterordnung am wenigsten gefährdet. Kommt es aber, wie oben dargelegt, bei der Prüfung der Wirtschaftlichkeit auf die medizinische Indikation an, dann liegt es aus den genannten Gründen im Interesse der Rechtsordnung, die Beweislast demjenigen aufzuerlegen, der sich darauf beruft, die Leistung des Arztes sei, weil nicht indiziert, unwirtschaftlich gewesen.

Es wurde bereits ausgeführt, daß sich die Frage wirtschaftlich/unwirtschaftlich logischerweise dann nicht stellen kann, wenn eine Leistung gar nicht erbracht wurde. Ist streitig, ob überhaupt eine vergütungsfähige ärztliche Leistung vorliegt, so trägt der Arzt die Beweislast dafür, daß er sie erbracht hat. Das gilt aber auch in den sonstigen Fällen, wo der Arzt eine Vergütung für eine Leistung verlangt und der Streit um die Leistung als solche geht, nicht aber um ihre Wirtschaftlichkeit bzw. Unwirtschaftlichkeit. Wo die gebührenrechtliche Abrechnungsfähigkeit in Frage steht, da ist die Leistung im Sinne der Gebührenordnung streitig, nicht ihre Wirtschaftlichkeit. Fordert der Arzt die Vergütung für eine „eingehende" Untersuchung, so ist er im Falle des Bestreitens beweispflichtig dafür, daß die Untersuchung eine „eingehende", also eine über das gewöhnliche Maß hinausgehende gewesen ist. Nun wird ihm zwar eine solche Behauptung im Einzelfall nicht ohne weiteres streitig gemacht werden, vielmehr bedarf es insoweit eines konkreten *Verdachts*. Die menschliche Ordnung würde zusammenbrechen, wenn diejenigen, die aufeinander angewiesen sind, der Wahrheit ihrer Angaben regelmäßig mißtrauten, und wo ein System des sozialen Miteinander funktioniert, da wird man schon hieraus regelmäßig schließen dürfen, daß man den gegenseitigen Angaben tatsächlich auch vertrauen darf. Gleichwohl läßt sich an diesem Beispiel folgende Problematik verdeutlichen: Stellt die Prüfbehörde fest, daß die dem Arzt vergleichbaren Fachkollegen auffallend weniger „eingehende“ Untersuchungen durchführen, so wird sie wohl vermuten, daß der Arzt entweder das Tatbestandsmerkmal „eingehend“ zu extensiv auslegt bzw. zu großzügig mit ihm umgeht (Vermutung der Falschabrechnung) oder daß er dazu neigt, zu häufig – also auch in nichtindizierten Fällen – seine Untersuchung zu einer „eingehenden“ werden zu lassen (Vermutung der Unwirtschaftlichkeit). Theoretisch steht die Behörde nun vor folgenden Möglichkeiten:

1. Sie könnte dem Arzt alle Fälle einer „eingehenden“ Untersuchung bestreiten und sie damit zu Abrechnungsfällen machen; der Arzt würde, da für jeden Einzelfall beweisbelastet, im Ergebnis wohl weniger Fälle einer „eingehenden“ Untersuchung vergütet bekommen als seine nicht auffällig gewordenen Kollegen.
2. Sie könnte dem Arzt die durchschnittliche Anzahl von „eingehenden“ Untersuchungen vergüten und ihm anheimstellen nachzuweisen, daß er tatsächlich eine größere Anzahl von „eingehenden“ Untersuchungsfällen hatte.

Das letztgenannte Vorgehen ist im Prinzip das des statistischen Vergleichs. Obwohl sich unter den Fällen, für die der Arzt eine Gebühr unter dem Gesichtspunkt der „eingehenden“ Untersuchung verlangt, auch reine „Abrechnungsfälle“ befinden können – wo also die Voraussetzungen der gebührenmäßigen Abrechnung fraglich sind –, so werden die zur Abrechnung gestellten Fälle hier doch wie „Indikationsfälle“ behandelt, deren medizinische Notwendigkeit in Frage steht. Es fällt auf, daß selbst dann, wenn die Behörde bloße Abrechnungsfälle überprüfen wollte, sie regelmäßig auch hier, um überhaupt ein Aufgreifkriterium an die Hand zu bekommen, auf einen Vergleich mit den (vergleichbaren) Fachkollegen angewiesen wäre. Bemerkenswert ist weiter, daß durch die Methode der „übergreifenden Wirtschaftlichkeitsprüfung“ dem Arzt kein Nachteil entsteht, im Gegenteil: prüft die Behörde statistisch-umfassend unter dem Gesichtspunkt der Wirtschaftlichkeit, so wird er der Bürde der Beweislast hinsichtlich der (verdeckten) Abrechnungsfälle gerade enthoben.

Der Beweis der Unwirtschaftlichkeit

Wir wollen nun von den soeben erwähnten Konstellationen absehen, wo potentielle Abrechnungsfälle (die zu Zweifeln Anlaß geben, ob die Tatbestandsvoraussetzungen des gebührenrechtlichen Anspruchs gegeben sind) in eine übergreifende Wirtschaftlichkeitsprüfung eingehen und reine Indikationsfälle (bei denen allein die medizinische Zweckmäßigkeit in Frage steht) im Auge behalten.
Nehmen wir an, die Prüfbehörde würde einen einzigen Behandlungsfall auf seine Wirtschaftlichkeit überprüfen. Der Nachteil der Nichtbeweisbarkeit würde, wie wir gesehen haben, zu ihren Lasten gehen. Um herauszufinden, ob eine Röntgenaufnahme medizinisch indiziert war, wäre auf das ärztliche Erfahrungswissen - etwa durch Gutachtenserhebung - zurückzugreifen. Hierbei handelt es sich um ein durchaus objektivierbares Wissen insofern, als es um die Berücksichtigung des Fachwissens einer Vielzahl von Ärzten geht. Nimmt die Prüfbehörde aber eine *statistische* Prüfung vor (womit sie an die Stelle einer primär *qualitativen* Beweisführung eine primär *quantitative* Überprüfung setzt), so wäre, gemessen an jenem Sachverständigenbeweis, der Schluß von einer Überschreitung des Durchschnitts der Fallkosten auf eine entsprechend hohe Unwirtschaftlichkeit logisch jedenfalls dann unbedenklich, wenn auch nur die wesentlichen Bedingungen einer hinreichenden Zahl der verglichenen Leistungen identisch wären. Denn auch beim Sachverständigengutachten sind die Erfahrungswerte des Gutachters regelmäßig nicht aus vollidentischen Verhältnissen genommen, sondern aus bloß hinreichend ähnlichen. Von hier aus gesehen würde sich unser Beweis durch statistischen Vergleich vom primär *qualitativen* Beweis, was den Beweiswert an-

geht, kaum unterscheiden. Der geprüfte Arzt erzielte (mindestens) soviel wie seine Fachkollegen (im Durchschnitt), und hier wie dort bliebe es den Beteiligten, insbesondere dem Arzt, unbenommen, kritisch zu prüfen, ob die Erfahrungswerte durch eine ausreichende Zahl von hinreichend identischen Fällen abgesichert sind, denn darauf läuft im Prinzip auch jede Gutachtenskritik hinaus. Würde man also bei dem Vergleich zwischen dem Arzt und seinen Fachkollegen die beiderseitige (Teil-)Identität hinreichend optimieren können, so bliebe unter dem Gesichtspunkt des Beweiswerts kein Grund, dem Beweisantrag des Arztes auf Vornahme einer qualitativen Einzelfallprüfung nachzugehen.

Die Rechtsansicht, daß der Arzt eine solche qualitative Einzelfallprüfung in jedem Fall verlangen könne, könnte aus der Annahme folgen, bei dem durch den statistischen Vergleich sich ergebenden offenbaren Mißverhältnis handele es sich, wie das Bundessozialgericht bisher annimmt, um einen *Beweis des ersten Anscheins* (BSGE 17, 87; vgl. auch BSG SozR 2200 § 368 n RVO Nr. 3). Eine solche Klassifizierung erscheint jedoch zweifelhaft.

Der Nachweis der Unwirtschaftlichkeit durch den statistischen Vergleich weicht in wesentlichen Punkten vom Anscheinsbeweis ab. Dem Anscheinsbeweis liegt der Gedanke zugrunde, daß eine Tatsache nach allgemeiner Lebenserfahrung mit überwiegender Wahrscheinlichkeit mit einer anderen Tatsache derart kausal (bzw. final) verknüpft sein kann, daß wir ohne konkrete Untersuchung des Zusammenhangs den analogen Schluß von der einen auf die andere Tatsache als gerechtfertigt ansehen, solange dem keine anderen Tatsachen (wahrscheinlichkeitsreduzierend) entgegenstehen. Wird ein Fußgänger auf dem Gehweg von einem Kraftfahrzeug angefahren, so kann nach dem Anscheinsbeweis davon ausgegangen werden, daß der Fahrzeugführer durch sein eigenes, ihm zuordenbares Fahrverhalten auf den Gehweg geraten ist; wird der Fahrer aus der Kurve getragen, dann spricht der Anschein dafür, daß er zu schnell gefahren ist, daß also ein kausaler Zusammenhang zwischen einer unangemessenen Geschwindigkeit und dem Unfall besteht. Da wir aus Erfahrung wissen, daß zu schnelles Fahren aus der Kurve trägt, schließen wir also auf eine zu hohe Geschwindigkeit als Ursache dafür, daß jemand aus der Kurve getragen wurde. Indem wir beim Anscheinsbeweis also eine an sich erforderliche konkrete Feststellung durch abstraktes Erfahrungswissen ersetzen, machen wir die Einschränkung, daß es sich insoweit nur um ein bedingtes, sozusagen um ein „voreilig" gefälltes Urteil handele. Letzteres ist bei unserem statistischen Beweis aber so nicht der Fall. Zunächst ist festzuhalten, daß es sich bei der Feststellung, die vergleichbaren Fachkollegen würden bei bestimmten Leistungen einen bestimmten Falldurchschnitt aufweisen, während der Durchschnitt der Leistungen des geprüften Arztes in bestimmter Höhe davon abweiche, um eine ganz *konkrete* Ermittlung handelt. Der *Grundgedanke,* auf dem der Schluß auf die Unwirtschaftlichkeit beruht, lautet: Erbringt der Kassenarzt unter vergleichbaren Bedingungen einzelne Leistungen häufiger als seine Kollegen, so wächst in dem Maße, in dem diese Abweichung größer wird, auch die zur Sicherheit tendierende Wahrscheinlichkeit, daß er bei diesen Leistungen über das Maß des Notwendigen hinausgeht. Dieser Satz soll hier nicht auf seine erkenntnistheoretische Haltbarkeit untersucht werden. Jedenfalls steht allein schon nach seinem Anspruch, den er erhebt, fest, daß er im Gegensatz zum Anscheinsbeweis, der nur ein bedingter Beweis sein will, tendenziell einen *unbedingten Beweis* zu erbringen beansprucht. Untersuchen wir aber die logische Grundstruktur dieses statistischen Vergleichs, so stimmt diese Struktur mit der unserer sonstigen Beweissätze durchaus überein. Denn auch überall dort, wo eine Tatsache nicht unmittelbar evident ist, wo also eine Beweiserhebung überhaupt erst in Frage kommt, sind wir auf bloße Wahrscheinlichkeitsurteile angewiesen. Was wir im erkenntnistheoretischen Sinne wirklich zweifelsfrei aufnehmen können, sind lediglich Tatsachen der unmittelbar objektivierbaren Anschauung. Alles andere erschließen wir durch bloße Wahrscheinlichkeitsurteile von der einfachsten bis zur höchst komplizierten

Art. Und die Überzeugung, die wir uns dabei bilden, hat, wenn sie objektiv nachprüfbar sein soll, immer etwas mit Erfahrungshäufigkeit, also mit der Typik der Vorgänge zu tun. Wir können zwar sicher sein, daß heute morgen die Sonne aufging, aber daß sie morgen früh ebenfalls wieder aufgehen wird, das können wir nur daraus prognostisch erschließen, daß sie bisher immer aufgegangen ist; wem sein Fahrzeugmotor morgens regelmäßig anspringt, der schließt aus dieser Häufigkeit, dieser Typik, daß es auch morgen früh so sein werde; der Richter schließt aus der Ausbildung und Erfahrung des Sachverständigen und daraus, daß die von ihm zitierten Experten der gleichen Ansicht sind, auf die Richtigkeit der Tatsachenannahmen des Gutachters; sein Schluß geht also von Gesichtspunkten der Häufigkeit, der Typik, aus: Ein Mensch dieser Ausbildung bringt regelmäßig eine entsprechende Erfahrung mit, zusätzliche praktische Erfahrung erhöht regelmäßig den Sachverstand, zusätzliche Bestätigung durch andere Experten bedeutet regelmäßig eine bessere Absicherung des Ergebnisses. Das alles sind Phänomene der Häufigkeitstypik. Erinnern wir uns nun an den rechtslogischen Grundgedanken unseres Unwirtschaftlichkeitsschlusses. Dieser Schluß beruht wie alle unsere beweisrechtlichen Schlüsse auf der Häufigkeitserfahrung. Insoweit unterscheidet er sich zwar nicht von einem Anscheinsbeweis, aber auch nicht von einem unbedingten Normalbeweis. Im Gegensatz zum Anscheinsbeweis wird aber beim statistischen Unwirtschaftlichkeitsbeweis die Häufigkeitserfahrung nicht als abstrakte Erfahrung über typische Geschehnisabläufe auf einen konkreten Einzelfall angewendet und dadurch eine erforderliche Tatsachenfeststellung ersetzt. Mit dem statistischen Unwirtschaftlichkeitsbeweis soll gerade nicht die Unwirtschaftlichkeit des konkreten Einzelfalls bewiesen werden, sondern die Unwirtschaftlichkeit als *generelle Normabweichung*. Der statistische *Vergleich* will aufzeigen, ob und inwieweit der geprüfte Arzt von bestimmten Erfahrungswerten abweicht. Das ist er auch voll zu leisten in der Lage. Die generelle Beweisprämisse aber, daß nämlich eine sich vergrößernde Abweichung die Wahrscheinlichkeit unwirtschaftlicher

Leistungen bis zur annähernden Sicherheit erhöht, ist logisch unbedenklich und enthält kein spezifisches Kriterium des Anscheinsbeweises. Daß die Anwendung beider Prämissen - die letztgenannte (allgemeine) und die (besondere) über die konkrete Abweichung des Arztes - dann den eigentlichen Schluß rechtfertigen, nämlich daß der geprüfte Arzt sich in einem gewissen Mindestmaß unwirtschaftlich verhalten habe, ist daher nicht als bedingter Anscheinsbeweis sondern als unbedingter *Typikbeweis* zu qualifizieren.

Das Bundessozialgericht hat trotz seiner Qualifizierung des statistischen Unwirtschaftlichkeitsbeweises als *Anscheinsbeweis* (Urteil 6 RKa 24/59 vom 29. Mai 1962, BSGE 17, 87) geäußert, daß der Arzt, der dem Ergebnis des offensichtlichen Mißverhältnisses entgegentrete, den *vollen* Gegenbeweis zu führen habe (Urteil 6 RKa 29/73 vom 3. Juli 1974, BSG SozR 2200 § 368 n RVO Nr. 3 S 11 - unter Hinweis auf BSGE 17, 87 -). Damit wurde jedenfalls eine Konsequenz des Anscheinsbeweises, daß er nämlich die Beweislastverteilung nicht umdreht, sondern bestehen läßt, nicht gezogen und statt dessen die Unbedingtheit des statistischen Unwirtschaftlichkeitsbeweises hervorgehoben. Auch von hier aus gesehen ist somit der Schritt, den statistischen Unwirtschaftlichkeitsbeweis nicht länger als bloßen Anscheinsbeweis aufzufassen, nur konsequent.

Handelt es sich beim statistischen Unwirtschaftlichkeitsbeweis aber um einen (im oben genannten Sinne) *unbedingten* Beweis, so ist die ihm entgegengesetzte Beweisführung durch Einzelfallüberprüfung jedenfalls *kein substitutives* (den Statistikbeweis ersetzendes) *Verfahren.* Würde der Arzt gegen den statistischen Unwirtschaftlichkeitsbeweis mit einer Einzelfallprüfung vorgehen wollen, so müßte dies aber auch auf Bedenken hinsichtlich der *Schlüssigkeit* stoßen. Wäre ein entsprechendes Ergebnis denn logisch geeignet, den Satz, daß der *statistische* Fallkostendurchschnitt des Arztes den seiner (vergleichbaren) Kollegen in relationsbestimmter Höhe überschreitet und daß er - der Arzt - entsprechende Höherkosten verursachte, überhaupt zu *widerlegen?* Doch wohl nicht! Ein solches Ergebnis wäre vielmehr allenfalls geeignet, *Zweifel* an der Richtigkeit des statistischen Beweises zu begründen; das aber würde zur Führung eines *Gegenbeweises* gerade nicht ausreichen. Würde man bei einer solchen gegenbeweislichen Einzelfallprüfung tatsächlich zu dem Ergebnis kommen, daß sie die Wirtschaftslichkeit in entscheidend mehr Einzelfällen als beim statistischen Durchschnittswert ergeben habe, so würde dies zudem nur bedeuten können, daß an diesen Nachweis der *Wirtschaftlichkeit* geringere Anforderungen gestellt wurden als an den vorausgegangenen Nachweis der *Unwirtschaftlichkeit*. All dies zeigt, daß dem (sich aufgrund eines offensichtlichen Mißverhältnisses ergebenden) statistischen Unwirtschaftlichkeitsbeweis keine gegenbeweisliche Einzelfallprüfung entgegengesetzt werden kann. Wäre es anders, so müßte in zahlreichen Einzelfällen, soweit es nämlich auf die Üblichkeit und Regelhaftigkeit einzelner Leistungen ankommt, ohnehin wieder - wie oben ausgeführt - ein Vergleich mit allgemeinen Erfahrungswerten hergestellt und so auf die Grundlagen eben desjenigen Verfahrens zurückgegriffen werden, dessen Ergebnisse gerade widerlegt werden sollen. Dagegen bleibt es dem Arzt unbenommen, das Ergebnis des statistischen Vergleichs - wie bei der oben erwähnten Kritik eines gewöhnlichen Sachverständigengutachtens - dadurch in Frage zu stellen, daß er in Zweifel zieht, ob die Erfahrungswerte dieses Ergebnisses durch eine ausreichende Zahl von hinreichend identischen Fällen abgesichert seien. Seine Einwendungen können insoweit also regelmäßig nur dahin gehen, daß es an der hinreichenden Identität der verglichenen ärztlichen Tätigkeiten fehle. Diese Einwendungen sind zwar auf eine Korrektur des bisherigen Beweisergebnisses gerichtet. Aber anders als beim Anscheinsbeweis, wo die (durch den Anschein gestützte) bloße (nur generell-theoretische) Erfahrungsanalogie durch den konkreten Geschehensnachweis abgelöst werden kann, handelt es sich hier (im Erfolgsfall) um die Korrektur eines zwar fälschlich für ausreichend angesehenen Typikbeweises, der als solcher aber doch anhand konkreter Umstände geführt wurde.

Zum Beweisrecht der ärztlichen „Einwendungen“

Gegen den angestellten Vergleich kann der Arzt in dreifacher Weise vorgehen und folgendes vorbringen:

1. Die Zahl der verglichenen Ärzte sei *zu gering* für eine statistisch zuverlässige Vergleichsaussage.
2. Der Fallkostendurchschnitt (die durchschnittlichen Behandlungs- bzw. Verordnungskosten pro überhaupt behandeltem Patienten im Quartal) sei anhand von *zu breiten* Leistungszusammenfassungen errechnet worden, nicht aber anhand der (Summe der) konkreten Einzelleistungen selbst.
3. Die Leistungsbedingungen der verglichenen Ärzte seien mit seinen eigenen Leistungsbedingungen nicht vergleichbar.

Wie oben ausgeführt, ist der Schluß von einer Überschreitung des Fallkostendurchschnitts auf eine dementsprechende Unwirtschaftlichkeit dann unbedenklich, wenn die *wesentlichen* Bedingungen einer hinreichenden Zahl der verglichenen Leistungen *identisch* sind. Eine Einwendung - so wollen wir jedes Vorbringen gegen den Vergleich einmal nennen - gegen den statistischen Unwirtschaftlichkeitsbeweis ist daher nur dann *schlüssig,* wenn sie *geeignet* ist, durch Zunahme von (Teil-)Identität (und damit durch eine Optimierung der Vergleichbarkeit) die Kostendifferenz (zwischen dem Fallkostendurchschnitt des Arztes und dem seiner vergleichbaren Kollegen) wesentlich zu verringern. Es ist einsichtig, daß in dem angestellten statistischen Vergleich eine solche Zunahme von Identität dann bewirkt wird, wenn zusätzliche und konkrete (wesentliche) Leistungsbedingungen des Arztes ebensolchen konkreten Bedingungen der verglichenen Ärzte gegenübergestellt werden. Mit solchen Einwendungen ist also das Ziel verbunden, eine Erstreckung des Leistungsvergleichs auf solche Praxisumstände zu erreichen, die bisher unberücksichtigt geblieben waren (vgl. oben unter 3. Gleichsam im Vorfeld dieser Einwendungen (der Praxisumstände) liegen die oben unter 1. und 2. genannten Einwendungen, die Zahl der verglichenen Ärzte sei zu gering und die Leistungszusammenfassungen seien zu breit.

Die Einwendung der zu geringen Zahl von Vergleichsärzten zielt nicht direkt darauf ab, unberücksichtigt gebliebene ärztliche Leistungsumstände in den Vergleich einzubeziehen. Da sie eine statistische Grundvoraussetzung betrifft, kann sie sozusagen mit den geringsten Mitteln - es geht bloß um die Mindestanzahl der Vergleichspersonen - den statistischen Vergleich zu Fall bringen. Denn wird diese Mindestanzahl unterschritten, liegt also eine statistisch zuverlässige Vergleichsaussage gar nicht vor, dann ist auch der Aussage „offensichtliches Mißverhältnis“ die Grundlage entzogen und der Mangel des Verfahrens geht zum Nachteil der beweisbelasteten Verwaltung.

Auch die Einwendung zu breiter (unspezifischer) Leistungszusammenfassungen verfolgt jedenfalls nicht unmittelbar den Zweck, unberücksichtigt gebliebene Leistungsumstände in den Vergleich einzubeziehen. Sind die verglichenen Leistungen zu generell zusammengefaßt, so fehlt es gerade an jener optimalen Vergleichbarkeit, die den Schluß auf die Unwirtschaftlichkeit letztlich rechtfertigt. Dagegen wird die Gleichartigkeit der sich gegenüberstehenden Sachverhalte wesentlich erhöht, das Maß ihrer Teilidentität gegenüber generellen Leistungsgruppierungen also erheblich vergrößert und damit die annähernde Richtigkeit der errechneten Fallkostendifferenz verbessert, wenn allein solche Ärzte, welche die erbrachten speziellen Leistungen ebenfalls erbringen, zum Vergleich herangezogen und nur diese einzelnen Leistungen miteinander verglichen werden. Wird also das Mindestmaß eines *speziellen* Leistungsvergleichs unterschritten, so ist dem „offensichtlichen Mißverhältnis“ ebenfalls schon aus vorrangigen Gründen die Grundlage entzogen.

Wir wollen die Umstände, die für die Einwendungen der *Praxisgegebenheiten* überhaupt in Frage kommen, einmal zu klassifizieren versuchen. Dabei soll auch der überkommene Begriff „Praxisbesonderheiten", der für all das gebraucht wurde, was der Prüfungsvergleich an Praxisumständen unberücksichtigt ließ, mitverwendet werden:

a) Umstände, die etwas mit der fachspezifischen Begrenzung der ärztlichen Tätigkeit zu tun haben, die also die Nähe dieses Arztes zu bestimmten Leistungen unter dem Aspekt seiner Spezialisierung bedeuten und die von den allgemeinen Ausbildungsordnungen bestimmt werden (fachspezifische Gegebenheiten des Arztes).

b) Umstände, welche die Patientenschaft betreffen. Ihre Zusammensetzung wird, was die Leistungsinhalte angeht, in erster Linie von den fachspezifischen Gegebenheiten des Arztes bestimmt (vgl. a). Darüber hinaus kann es aber auch andere Eigenarten einer Patientenschaft geben, etwa einen ungewöhnlich hohen Anteil von Alten (Gegebenheiten der Patientenschaft).

c) Umstände, welche die Ausstattung der Praxis mit Geräten und mit außerärztlichem Dienstleistungspersonal anlangen (Gegebenheiten der Praxisausstattung).

Neben diesen drei Arten von Grundgegebenheiten beim Arzt, seiner Patientenschaft und seiner Praxisausstattung gibt es aber noch weitere, hier relevante Klassen von Umständen in der Person des Arztes:

d) Umstände, die sich daraus ergeben, daß der Arzt sich trotz eines größeren Fachgebietes auf spezielle Gebiete oder einzelne Leistungen beschränkt (Gegebenheiten der innerfachlichen Beschränkung).

e) Umstände, die sich daraus ergeben, daß der Arzt sich besonderer medizinischen Methoden bedient, etwa der Homöopathie oder besonderer Naturheilverfahren (Gegebenheiten der ärztlichen Methode).

Wir können die Einwendungen des Arztes aus a), d) und e) insofern zusammenfassen, als es sich um Einwendungen aus dem *persönlichen* Bereich (nicht aus dem Bereich der Praxisausstattung und dem Bereich der Patientenschaft) handelt:
- Einwendungen aus Gründen des Fachbereichs,
- Einwendungen aus Gründen des innerfachlichen Spezialbereichs,
- Einwendungen aus Gründen der Methode.

Es gibt aber noch eine weitere *Einwendung*, deren Zulässigkeit sich aus folgenden Überlegungen ergibt: Die Aussage der Prüfbehörde, der Arzt überschreite den Fallkostendurchschnitt in einem solchen Ausmaß, daß die Unwirtschaftlichkeit offensichtlich sei, wäre unvollständig, wenn sie nicht gleichzeitig den Hinweis enthielte, in welchem Leistungsbereich dies der Fall sei. Die Aussage kann - je nach der (generellen) Breite oder (speziellen) Enge des Leistungsvergleichs - dahin gehen, daß die Überschreitung mit der Gesamtleistung, mit einzelnen (mehr oder weniger generalisierenden) Leistungssparten (z. B. „Sonderleistungen“, „physikalisch-medizinischen Leistungen“) oder mit gebührenmäßig bestimmten Einzelleistungen (z. B. bei den „eingehenden Untersuchungen“) erfolge. In allen drei Fällen geht der Vorwurf der Unwirtschaftlichkeit in eine etwas andere Richtung. Im letztgenannten Fall geht er dahin, der Arzt erbringe *diese* bestimmte gebührenmäßige Leistung zu häufig, er gehe zu großzügig mit ihr um (vielleicht interpretiere er diese Gebührenvorschrift zu extensiv, vielleicht setze er sich bewußt über sie hinweg, vielleicht halte er die Leistung aber auch zu oft - sei es aus übermäßiger Sorgfalt, sei es aus Nachlässigkeit - für indiziert). In den beiden erstgenannten Fällen wird der Vorwurf der Unwirtschaftlichkeit aber *unbestimmter*. Zwar gibt es Zusammenfassungen von Gebührenziffern, die - wie etwa bei der Sparte „Röntgenleistungen“ - insoweit noch einen hohen Bestimmtheitsgrad aufweisen; bei anderen Sparten ist das aber weniger der Fall (etwa bei den „Sonderleistungen“). Ganz *unbedingt unbestimmt* ist der Vorwurf aber bei der bloßen Feststellung einer Überschreitung der *Gesamtleistung*. Was besagt hier der Vorwurf anderes, als daß der Arzt selbst schauen solle, bei welchen Leistungen die Überschreitung stattfinde? Es braucht hier nicht darauf eingegangen zu werden, welche Konsequenzen hieraus für das zu fordernde Mindestmaß der Konkretisierung des Leistungsvergleichs zu ziehen sind. Es soll nur aufgezeigt werden, daß es Einwendungen gibt, die aus dieser Problematik des Leistungsvergleichs resultieren: Ist der Leistungsvergleich nur ganz generell anhand unbestimmter Leistungssparten oder gar anhand der Gesamtleistung vorgenommen worden, so besteht weder Anlaß noch Chance für eine dahingehende Einwendung, man habe zwar den Durchschnitt dieser und jener Leistung überschritten, liege *dafür* aber mit einer *anderen* Leistung *unter* dem Durchschnitt der Ärzte. Eine solche Einwendung des Kostenausgleichs zwischen verschiedenen Leistungsarten kann aber bei einem engeren Vergleich bedeutsam werden. Sie trägt der Tatsache Rechnung, daß der allgemeine (statistische) Vorteil einer *Verengung* des Leistungsvergleichs auf einzelne Leistungsarten auch einmal den Nachteil haben kann, daß bei einer zwischen verschiedenen Leistungsarten sich bedingenden Abhängigkeit des Leistungsumfangs der Leistungsvergleich einer (ausgleichenden) *Erweiterung* bedarf. Außer dieser Einwendung des Kostenausgleichs zwischen verschiedenen Leistungsarten kann der Arzt aber auch die Einwendung erheben, er habe wohl in der verglichenen Leistungsart überhöhte Kosten verursacht, *dafür* aber der Kasse zwar keine Kosten nach der Gebührenordnung, aber doch anderweitige Kosten erspart (Ausgleich zwischen gebührenmäßigen und außergebührenmäßigen Kosten). Die Zulässigkeit einer solchen Einwendung gründet darin, daß die Kostenlast der Kasse nicht nur aus kassenärztlichen Gebührenleistungen besteht und insoweit lediglich eine Erweiterung des Vergleichs auf Kostenbereiche außerhalb der Gebührenordnung gewollt ist. So könnte der Arzt etwa vorbringen: er verabreiche zwar mehr Injektionen, verordne stattdessen aber weniger Heilmittel; er nehme vor Krankenhauseinweisungen Untersuchungen vor, die

sonst im Krankenhaus hätten kostenerhöhend durchgeführt werden müssen.
Eine Liste der gegen den statistischen Unwirtschaftlichkeitsbeweis gerichteten Einwendungen könnte somit *vorläufig* wie folgt aussehen:

1. Einwendungen des objektiven statistischen Mangels:
   a) Einwendung der zu geringen Zahl von Vergleichsärzten
   b) Einwendung zu unspezifischer Leistungszusammenfassungen

2. Einwendungen der Praxisbesonderheit:
   a) Einwendung der Fachspezialisierung
   b) Einwendung des innerfachlichen Spezialbereichs
   c) Einwendung der besonderen Methode
   d) Einwendung der speziellen Patientenschaft
   e) Einwendung der speziellen Praxisausstattung

3. Einwendungen des unterbliebenen Kostenausgleichs
   a) zwischen verschiedenen Leistungsarten
   b) zwischen gebührenmäßigen und außergebührenmäßigen Kosten

Wir wollen nun diese Einwendungen einer beweisrechtlichen *Gesamtbetrachtung* unterziehen:

Mit dem statistischen Unwirtschaftlichkeitsbeweis soll, wie wir gesehen haben, die Unwirtschaftlichkeit als generelle Normabweichung in dem verglichenen Leistungsbereich bewiesen werden. Er will sagen, daß und inwieweit der geprüfte Arzt von bestimmten Erfahrungswerten abweicht. Indem er zur Prämisse hat, daß eine sich vergrößernde Abweichung die Wahrscheinlichkeit unwirtschaftlicher Leistungen bis zur annähernden Sicherheit erhöht, setzt er, wenn die Abweichung entsprechend groß ist, gleichzeitig voraus, daß die wesentlichen Leistungsbedingungen des Arztes tatsächlich in den Vergleich eingegangen sind und mit den Leistungsbedingungen der verglichenen Ärzte übereinstimmen. Die *wesentlichen* Leistungsbedingungen des

Arztes können für eine Wirtschaftlichkeitsprüfung aber nur die *typischen* Bedingungen sein, die also etwas Allgemeines, Durchgehendes haben, somit von einer relativen Häufigkeit bestimmt, aber auch in ihrer Geprägtheit überschaubar sind. Dagegen sollen andere Umstände der ärztlichen Tätigkeit außer Betracht bleiben: spezielle Bedingungen, die nicht vergleichbar, sozusagen ungreifbar, eben untypisch sind. Dies zeigt zweierlei: *erstens,* daß wir die Qualifizierung unserer Einwendungen an dieser grundsätzlichen Unterscheidung - typische Leistungsbedingung/untypische Leistungsbedingung - zu orientieren haben und daß es demzufolge zwei verschiedene Einwendungsarten von unterschiedlicher rechtlicher Qualität geben muß und *zweitens,* daß die Prüfbehörde alles das zu prüfen hat, was in dem aufgezeigten Sinne typisch ist. Wir haben also alle diejenigen Einwendungen zusammenzufassen, die der Prüfbehörde entgegensetzen, der Vergleich sei deshalb objektiv mangelhaft, weil sie *typische* Umstände aus seinem Praxisbereich nicht berücksichtigt, nämlich ihn nicht mit insoweit vergleichbaren Ärzten verglichen habe.

Wir wollen dieses Vorbringen einmal als Einwendung der Nichtberücksichtigung typischer Praxisumstände bezeichnen; mit ihr wird gerügt, daß keine entsprechenden Ärzte zum Vergleich herangezogen wurden. Die Einwendung von *untypischen* Umständen, eben von *Besonderheiten* der Praxis - „Praxisbesonderheiten“ - gehört hierzu nicht. All dies legt es nahe, beim Unwirtschaftlichkeitsbeweis den Begriff der „Einwendung“ auf das Vorbringen zu beschränken, mit dem der Arzt den Beweis tatsächlich „widerlegen“ will. Etwas anderes ist es aber, wenn er die innere Richtigkeit des Vergleichs bestreitet. Das tut er mit dem Vorbringen, die Zahl der verglichenen Ärzte sei zu gering, die verglichenen Leistungen seien zu unspezifisch zusammengefaßt und die Prüfbehörde habe typische Praxisumstände nicht berücksichtigt. Denn mit solchen „Rügen“ vergleichsstatistischer Fehler verweist der Arzt die Prüfbehörde bzw. das Gericht doch nur auf rechtliche Mängel des Prüfungsverfahrens, bei deren Vorliegen es zu einer Beweiswirkung schon gar nicht kommen kann. Bei der Einwendung im vorgenannten Sinne dagegen geht es dem Arzt darum zu zeigen, daß trotz eines rechtlich fehlerfreien Verfahrens und Zustandekommens des „Beweises“ dieser unrichtig sei, nämlich in Wahrheit den Unwirtschaftlichkeitsbeweis nicht erbringe.

Wir wollen die genannten Rügen den Einwendungen der Praxisbesonderheiten gegenüberstellen:

Rügen

a) Rüge der zu geringen Zahl von Vergleichsärzten
b) Rüge der unspezifischen Leistungszusammenfassungen
c) Rüge der Nichtberücksichtigung typischer Praxisumstände (Nichtheranziehen entsprechender Vergleichsärzte)

Einwendungen untypischer Praxisumstände (Praxisbesonderheiten)

a) Einwendung der Fachspezialisierung
b) Einwendung des innerfachlichen Spezialbereichs
c) Einwendung der besonderen Methode
d) Einwendung der speziellen Patientenschaft
e) Einwendung der speziellen Praxisausstattung

Was verbleibt aber nach der logischen *Vorrangigkeit* der Rüge der Nichtberücksichtigung *typischer* Praxisumstände noch für den Bereich der Einwendungen *untypischer* Praxisumstände?
Es wurde schon gesagt, daß die Prüfbehörde durch Heranziehung von Ärzten mit den gleichen Leistungsbedingungen alles zu prüfen hat, was in dem aufgezeigten Sinne typisch ist, wobei die Typisierbarkeit jedenfalls schon dann vorliegt, wenn eine statistisch ausreichende Zahl insoweit vergleichbarer Ärzte herangezogen werden kann. Das ergibt sich *zwingend* daraus, daß 1. der Unwirtschaftlichkeitsbeweis, wie aufgezeigt, sich nur

rechtfertigen läßt durch ein Höchstmaß an (Teil-)Identität der verglichenen Leistungen und daß 2. die Prüfbehörde die Beweislast für die Unwirtschaftlichkeit trägt. Diese Verpflichtung der Prüfbehörde, alle fachspezifischen und methodischen Umstände, die erfaßbar/typisierbar sind, in den Vergleich mit einzubeziehen, ist unabweisbar. Gesetzt den Fall, man verwehrt dem Arzt den Vergleich mit der Begründung, eine ausreichende Zahl gleichartig tätiger Ärzte sei zwar vorhanden, es handle sich aber um eine unübliche, zu spezielle Beschränkung seiner Tätigkeit. Soll hier der Arzt, der doch den gegen ihn gerichteten Unwirtschaftlichkeitsbeweis zu widerlegen hat, wirklich einen Gegenbeweis führen müssen, obwohl der Prüfbehörde die Bildung einer entsprechenden Vergleichsgruppe ohne weiteres möglich ist? Und wie, wenn der Arzt den Vergleich selbst durchführen würde und sich damit eine wesentlich günstigere Fallkostendifferenz ergäbe? Jene Ablehnung kann also nicht rechtens sein. Damit verstehen wir aber auch, warum der Begriff der „Praxisbesonderheit“ bisher unfaßbar war: weil er nämlich ohne die hier vorgenommene Abgrenzung als bloßer Restebegriff für all das herhalten mußte, was an Praxisumständen nicht in den statistischen Vergleich eingegangen war.
Geht man aber in der hier beschriebenen Weise an die Bestimmung des Begriffs der im Vergleich zu berücksichtigenden typischen Praxisumstände heran, so bleibt für den Bereich *untypischer* Praxisumstände wenig übrig. Denn welche Spezialisierungen, welche anerkannten Methoden, welche zulässige Praxisausstattung gäbe es, die sich nicht bei einer statistisch hinreichenden Zahl von Ärzten wiederholte? Alle diese Umstände sind allgemeiner Natur, durchgängig und daher auch durch den Ärztevergleich statistisch aufgreifbar. Da bleiben allenfalls Umstände einer speziellen Patientenschaft. Hier wird aber schon durch die Fachrichtung des Arztes der Gesichtspunkt der Verschiedenartigkeit der Erkrankungen und weitgehend auch der Gesichtspunkt des Alters der Patienten abgedeckt. Ein darüber hinausreichender besonders hoher Altenanteil ist aber wiederum mit anderen Praxen vergleichbar. Als

nicht generalisierbare Besonderheiten bleiben etwa kurze Krankheitsepidemien, die sich auf den Bereich weniger Arztpraxen beschränkten.

Bei diesem Ergebnis erscheint es *zweifelhaft,* ob es überhaupt Praxisbesonderheiten gibt, die geeignet sein können, den durch den statistischen Vergleich erstellten Fallkostendurchschnitt wesentlich zu beeinflussen. Mit anderen Worten: Ist das Vorbringen, es liege eine (untypische) Praxisbesonderheit vor, überhaupt *schlüssig?*

Der statistische Beweis der Unwirtschaftlichkeit muß vom Arzt - wie das BSG sagt - „widerlegt" werden. Was soll das aber heißen? Es gibt wohl nur zwei Möglichkeiten:

1. Es müsse vom Arzt ein anderer, für ihn wesentlich günstigerer Fallkostendurchschnitt bewiesen werden, oder
2. Es müsse vom Arzt bewiesen werden, daß sich die aus dem Fallkostendurchschnitt ergebenden Mehrkosten verringern.

Es ist klar, daß der erstgenannte Beweis wiederum nur mit dem Vorbringen zu führen ist, daß typische, aber im bisherigen Vergleich unberücksichtigt gebliebene Praxisumstände vorlägen; mit untypischen Praxisbesonderheiten läßt sich der Vergleich - mangels Vergleichbarkeit - eben nicht führen.

Wie ist es aber bei der zweiten Beweismöglichkeit? Auch hier muß sich der Arzt letztlich an dem errechneten Fallkostendurchschnitt orientieren, denn die Mehrkosten sind doch nur dessen rechnerisches Endergebnis. Das heißt aber, daß der Arzt auch hier den *Fallkostendurchschnitt* (durch einen Gegenbeweis) zu Fall bringen muß. Das kann er aber wiederum nur durch das Vorbringen, daß typische, aber im bisherigen Vergleich unberücksichtigt gebliebene Praxisumstände vorlägen. Das Ergebnis ist also hier wie dort: mit (untypischen) Praxisbesonderheiten läßt sich *kein Gegenbeweis* gegen den statistischen Unwirtschaftlichkeitsbeweis führen. Das ist auch gar nicht anders möglich: der statistische Vergleich setzt statistische Vergleichbarkeit voraus; mit statistisch Unvergleichbarem kann man ihn nicht „widerlegen". Das widerspricht schon seiner Definition.

Das Vorbringen untypischer Praxisumstände gegen den statistischen Unwirtschaftlichkeitsbeweis ist demnach *unschlüssig*. Es gibt daher auch keine entsprechenden „Einwendungen".
So verbleiben die (S. 24 unter 3. genannten) *Einwendungen des unterbliebenen Kostenausgleichs.*
Wie beim Unterschied zwischen dem „Bestreiten" und der rechtshindernden „Einwendung" im Zivilprozeß (mit jeweils gegenteiliger Beweislastwirkung) auf die *Normalität* eines Anspruchsgrundes abzustellen ist, so auch hier (in einem öffentlich-rechtlichen Prozeßverfahren) bei der Frage, ob es sich beim Vorbringen des Kostenausgleichs um eine Rüge der *normalen* Voraussetzungen des Unwirtschaftlichkeitsbeweises oder um einen *anomalen* Hinderungsgrund handelt. Unsere bisher behandelten Rügen (zu wenig Vergleichsärzte; zu unspezifische Leistungszusammenfassung; Nichtberücksichtigung typischer Praxisumstände) haben darauf abgestellt, welche Mindestvoraussetzungen an den statistischen Vergleich zu stellen sind. Mit dem Einwand des Kostenausgleichs wird daher die Frage aufgeworfen, ob es zur *Normalität* des Honorarkürzungs- bzw. Regreßbescheids gehört, daß gegenüber den Kostenüberhöhungen in einer Leistungsart alle (gebührenmäßigen und außergebührenmäßigen) Minderkosten berücksichtigt werden. Die Antwort auf diese Frage ergibt sich nicht ohne weiteres. Sie ist selbstverständlich nicht deshalb zu bejahen, weil die Prüfbehörde verpflichtet ist, tatsächlich feststehende Ersparungen von dem sich aus der Fallkostendifferenz ergebenden Mehrbetrag (den sie rechnerisch feststellen muß)[1] abzuziehen. Der „Normalität" des Kostenausgleichs kann man aber auch nicht deshalb das Wort reden, weil die Behörde verpflichtet ist, diesen Ausgleich, wo seine Voraussetzungen erkennbar vorliegen, durch die Berücksichtigung der Minderleistungen von Amts wegen vorzunehmen; genausowenig spricht es umgekehrt gegen die

---

[1] Siehe Baader E (1983) Honorarkürzung und Schadensersatz im Kassenarztrecht. Springer, Berlin Heidelberg New York Tokyo, S. 23 f., 31.

Normalität der Berücksichtigung typischer Praxisumstände, daß für die Behörde ein solcher Umstand nicht selten erst aus dem Vorbringen des Arztes erkennbar werden kann. Gleichwohl macht es insoweit einen Unterschied, ob es für die Behörde um das Angreifen typischer Praxisumstände oder um das Aufgreifen von Kostenausgleichsgründen geht.
Beschränken wir uns zunächst auf den *Ausgleich zwischen gebührenmäßigen Leistungsarten.* Bei der Suche nach dem wesentlichen *Kriterium* der Ausgleichsfähigkeit hat der Gesichtspunkt der Gesamtleistung/Teilleistung außer Betracht zu bleiben; der Grundsatz der Subsumption der Teilleistung, wonach eine in einer übergreifenden Gesamtleistung enthaltene Teilleistung nicht etwa deshalb gesondert vergütet werden kann, weil sie gesondert als Einzelleistung aufgeführt ist, hat etwas mit der Beziehung Teilidentität/Vollidentität, die zwischen verschiedenen Honorarleistungen bestehen kann, zu tun; um eine solche *Beziehung der gebührenmäßigen Unselbständigkeit* geht es bei der Ausgleichsfähigkeit zwischen verschiedenen Leistungen aber nicht. Darüber hinaus ist jede gebührenordnungsmäßige ärztliche Leistung auch dann, wenn sie bei *einem* Patienten im Rahmen *einer* Krankheitserscheinung und in einem gewissen zeitlichen Zusammenhang erbracht wird, unter dem Gebührengesichtspunkt grundsätzlich als eine *selbständige* Leistung anzusehen. Wer aber nun behauptet, er habe zwar bei einer Leistungsart höhere, dafür bei einer anderen Art aber geringere Kosten verursacht, macht damit eine Ausnahme des letztgenannten Grundsatzes geltend. Denn er stützt sich doch darauf, daß bei der Frage der gebührenmäßigen Beziehungen zwischen einzelnen Leistungsziffern der Grundsatz der kostenmäßigen Selbständigkeit außer durch den Grundsatz der Subsumption der Teilleistung eine weitere Einschränkung erfährt. Wir wollen dieses Verhältnis näher untersuchen: Um einen bestimmten diagnostischen oder therapeutischen Zweck zu erreichen, stehen dem Arzt häufig mehrere gebührenmäßige Leistungen nebeneinander zur Verfügung. Dabei bleibt das Verhältnis der kostenmäßigen Selbständigkeit der einzelnen

Gebührenleistungen dann voll erhalten, wenn sie als Mittel der beschriebenen Art untereinander im Verhältnis der additiven Summierungsfähigkeit stehen (Addition der Mittel). Von anderer Qualität ist dieses Verhältnis aber dann, wenn die methodisch parallelen Mittel (Parallelität der Methode) sich gegenseitig ersetzen und damit gewissermaßen gegenseitig ausschließen, sie also in der Beziehung gegenseitiger Exklusivität stehen. Wer demnach einen Kostenausgleich zwischen kostenmäßig völlig *selbständigen* Leistungsarten geltend machen würde, der würde nur Unschlüssiges vorbringen. *Schlüssiges* würde aber derjenige behaupten, der vorbrächte, er liege zwar mit der Leistungsart X erheblich über dem Durchschnitt, unterschreite aber mit der Leistungsart Y den Durchschnitt in erheblichem Maße, da er zwischen beiden Leistungsarten habe wählen können und sich in erheblich mehr Fällen für X als Y entschieden habe. Wie man sieht, setzt die Schlüssigkeit dieses Vorbringens nicht nur ein Verhältnis des Entweder-Oder zwischen X und Y voraus, sondern impliziert auch das Vorbringen, daß die verglichenen Ärzte sich (eben) mehr als er für die Leistungsart Y entschieden hätten, so daß die festgestellte Kostendifferenz, wenn nicht nur X, sondern beide Leistungsarten berücksichtigt worden wären, sich in entscheidungserheblicher Weise reduzieren würde. Dies zeigt aber, daß der Arzt, welcher einen unterbliebenen Kostenausgleich zwischen verschiedenen Leistungsarten geltend macht, sich auf eine *Ausnahmesituation* beruft, nämlich die, daß die verglichenen Ärzte sich nicht derart einseitig für die von ihm gewählte (parallele) Methode entschieden haben. Dies rechtfertigt es, das Vorbringen des Kostenausgleichs zwischen verschiedenen Leistungsarten nicht als eine *Rüge* (der *normalen* Voraussetzungen), sondern als *Einwendung* (im Sinne eines *anomalen* Hinderungsgrundes) des Unwirtschaftlichkeitsbeweises anzusehen. Wie sich nämlich aus den obigen Ausführungen ergibt, handelt es sich hier im Grunde um ein Abheben auf eine *besondere* – untypische – Methode (vgl. Baader, a.a.O., S. 16f.). Im Gegensatz zu dem unschlüssigen Vorbringen untypischer Methoden im übrigen (vgl. S. 26 Einwendung c und die daran an-

schließenden Ausführungen), das auf einen Vergleich mit anderen Ärzten hinausgelaufen wäre, geht es hier lediglich um die Heranziehung einer anderen Leistungsart, so daß die Schlüssigkeit nicht an der Unvergleichbarkeit scheitert.
Die Möglichkeit, eine solche Einwendung schlüssig vorzubringen, wird jedoch kaum noch gegeben sein, wenn die Prüfbehörde schon von Amts wegen ausgleichsfähige Leistungen bei der Berechnung der Mehrkosten berücksichtigt und über den Vergleich von Einzelleistungen bzw. Leistungssparten hinaus auch einen Leistungsgesamtvergleich anstellt, durch den die Wahrscheinlichkeit, daß sich ausgleichsfähige Leistungen gegenüberstehen, doch erheblich reduziert wird. Besondere Kausalitätsprobleme dürften bei dieser Einwendung kaum auftreten; läßt sich die Entweder-Oder-Beziehung zwischen den beiden Leistungsarten, in der freilich ein Kausalitätsproblem enthalten ist, nicht zweifelsfrei feststellen, so geht dies zu Lasten des den Einwand erhebenden Arztes.
Auch bei dem (weiteren) Einwand des unterbliebenen Kostenausgleichs zwischen gebührenmäßigen und außergebührenmäßigen Verordnungsleistungen liegt die *Ausgleichsfähigkeit* darin begründet, daß einzelne gebührenmäßige Leistungen gegenüber einzelnen Verordnungsleistungen *methodisch* parallel liegen und in einem Entweder-Oder-Verhältnis stehen.
Bei dem weiteren Einwand des Arztes, infolge der in der geprüften Leistungsart verursachten überhöhten Kosten habe er der Kasse anderweitige, außerhalb der kassenärztlichen Tätigkeit liegende Kosten (z. B. Krankenhauskosten) erspart, liegen insoweit die Dinge trotz der (gegenüber den beiden vorgenannten Einwendungen) bestehenden Abweichungen im Grunde doch gleich. Hier geht es zwar nicht um ein zwischen zwei kassenärztlichen Leistungsbereichen bestehendes methodenparalleles Entweder-Oder-Verhältnis. Indessen kann insoweit verdeutlicht werden, was eigentlich diesem Verhältnis zugrunde liegt und für alle drei Einwendungen bedeutsam ist. Der Arzt macht hier geltend, daß der Kasse, hätte er die (überhöhten) Leistungen nicht erbracht, anderweitige Kosten entstanden wä-

ren. Er behauptet also eine *hypothetische Kausalität* zwischen einem Unterlassen seiner Leistungen und Mehrkosten der Kasse. Der Arzt muß daher nachweisen, daß, wenn seine Leistung unterblieben wäre, bei seinem Patienten nach dem gewöhnlichen Lauf der Dinge eine die Kasse kostenmäßig belastende Leistung erforderlich gewesen wäre. Diese *hypothetische Erforderlichkeit* ist aber auch der eigentliche Grund der Ausgleichsfähigkeit bei den beiden vorgenannten Einwendungen: ein Entweder-Oder-Verhältnis zwischen zwei Leistungen ist vom Arzt erst dann nachgewiesen, wenn feststeht, daß er, hätte er die eine (überhöhte) Leistung nicht erbracht, nach seinem ärztlichen Dafürhalten die andere Leistung hätte erbringen müssen (hypothetische Kausalität).

Jedoch ist die Schlüssigkeit der beiden letztgenannten Einwendungen (Ausgleich zwischen Gebühren- und Verordnungsleistungen sowie die Ersparnis außerhalb der kassenärztlichen Tätigkeit) problematisch. Die Einwendung des unterbliebenen Ausgleichs zwischen verschiedenen gebührenmäßigen Leistungen impliziert, wie schon ausgeführt, das Vorbringen des Arztes, die verglichenen Kollegen hätten sich öfter als er für die andere Leistungsart entschieden. Sie zielt also darauf ab, dieses sein Weniger mit dem beanstandeten Mehr zum Ausgleich zu bringen, was durch den Vergleich beider Leistungsarten sowohl auf seiner Seite als auch auf seiten der verglichenen Ärzte ermöglicht wird. Bei den beiden anderen Einwendungen läßt sich ein solcher Ausgleich jedoch nicht mehr *systemgemäß* durchführen. Hier müßte *außerhalb* des Leistungsvergleichs, der zu dem statistischen Unwirtschaftlichkeitsbeweis geführt hat, bewiesen werden, daß die verglichenen Ärzte sich nicht ebenso, sondern anders, nämlich entscheidend weniger kostenaufwendig bzw. weniger kostensparend verhalten haben als der die Einwendung erhebende Arzt. Dieser Beweis mag bei der Einwendung des Ausgleichs zwischen gebührenmäßigen und Verordnungsleistungen dann noch relativ leicht zu erbringen sein, wenn die Prüfbehörde etwa bei einer Honorarkürzung auch die Arzneimittelverordnungen statistisch (mit-)vergleicht. Jedenfalls aber bei der Einwendung der Kostenersparnis außerhalb der kassenärztlichen Tätigkeit wird dies deshalb schwerer sein, weil der Leistungsvergleich nichts darüber aussagt, wie sich die verglichenen Ärzte insoweit verhalten haben und der Prüfbehörde hierzu wohl auch kein statistisches Material zur Verfügung stehen wird. Unabhängig aber von der Frage, ob der geprüfte Arzt beweisen kann, daß, hätte er die überhöhte Leistung nicht erbracht, anderweitige Kosten entstanden wären (hypothetische Kausalität), und unabhängig von der weiteren Frage, ob er beweisen kann, daß die verglichenen Ärzte wesentlich mehr Kosten verursacht haben, bleibt die vorrangige Frage, ob die damit errechneten Minderkosten überhaupt von den von ihm verursachten Mehrkosten abgezogen werden können. Das ist deswegen nicht selbstverständlich, weil die im Rahmen des statistischen Vergleichs errechneten Mehrkosten den außerstatistisch berechneten Minderkosten nicht als gleichwertige, untereinander verrechnungsfähige Summen gegenüberstehen. Mit dem Nachweis der hypothetischen Kausalität ist zwar etwas über die grundsätzliche Ausgleichsfähigkeit, aber noch nichts über die summenmäßige Verrechnung gesagt. Hat der Arzt 5000 DM Mehrkosten im Verhältnis zu seinen vergleichbaren Kollegen verursacht, so ergibt sich bei einer Minderkostensumme von 1000 DM mit anderen Worten nicht notwendig eine Differenz von 4000 DM, da es sich bei den Minderkosten um eine konkret berechnete Einzelsumme, bei den Mehrkosten dagegen um eine statistisch berechnete Durchschnittssumme handelt. Gleichwohl wird man die Minderkosten in vollem Umfang in Abzug bringen müssen. Läuft der statistische Unwirtschaftlichkeitsbeweis im Ergebnis auf eine normative Kostenbegrenzung hinaus, die bei einer Orientierung an den typischen Durchschnittskosten mit einer Sanktion aus einem konkreten Mehrbetrag verbunden ist, dann ist es nur recht und billig, die den Kassen (nachweislich) ersparten konkreten Minderbeträge zum vollen Ausgleich zu bringen.

Neben den *Rügen*

- der zu geringen Zahl von Vergleichsärzten,
- der unspezifischen Leistungszusammenfassungen und
- der Nichtberücksichtigung typischer Praxisumstände (der Spezialisierung, der Methode, der Patientenschaft und der Praxisausstattung),

mit denen der Arzt sich gegen die Mangelhaftigkeit des Vergleichs wendet, kann er somit, um den Unwirtschaftlichkeitsbeweis zu *widerlegen,* (nur) folgende *Einwendungen* erheben:

- des unterbliebenen Kostenausgleichs zwischen verschiedenen gebührenmäßigen Leistungsarten,
- des unterbliebenen Kostenausgleichs zwischen gebührenmäßigen Leistungen und Verordnungsleistungen,
- der Kostenersparnis außerhalb der kassenärztlichen Tätigkeit.

Nur dieses Verteidigungsvorbringen ist geeignet, den statistischen Unwirtschaftlichkeitsbeweis zu Fall zu bringen. Soweit der Arzt nur Rügen erhebt, verbleibt es bei der Beweislast der Prüfbehörde, soweit er Einwendungen geltend macht, trägt er selbst die Beweislast. Anhand der Einzelfälle kann der Arzt den Gegenbeweis gegen den statistischen Unwirtschaftlichkeitsnachweis, wie oben ausgeführt, aber nicht führen. Mit der hier vorgenommenen Analyse der Rügen und Einwendungen wird dies noch deutlicher geworden sein.

Rückblick

Mit dem Ergebnis, daß die generelle Einzelfallprüfung und die untypischen Praxisbesonderheiten *keine* Mittel des Gegenbeweises sein können, mit der Forderung, daß alle typisierbaren Praxisumstände von vornherein in den Vergleich *einzubeziehen* sind, mit der klaren *Trennung* zwischen Rügen von Mängeln einerseits und Einwendungen andererseits und mit der *Beschränkung* dieser Einwendungen auf solche des Kostenausgleichs bzw. der Kostenersparnis wird sich sowohl die Praktikabilität als auch die Akzeptanz dieses Beweisverfahrens wesentlich verbessern lassen.

Zusammenfassung und Auswertung

Begriffsgruppen

Notwendig -
überflüssig

Erfolgshaftung -
Verantwortung für eine Behandlung nach den Regeln der ärztlichen Kunst unter Anwendung der im Einzelfall erforderlichen Sorgfalt

Vermutung der Falschabrechnung -
Vermutung der Unwirtschaftlichkeit
Abrechnungsfall -
Indikationsfall

Primär qualitative Beweisführung -
primär quantitative Beweisführung

Typische Leistungsbedingungen -
untypische (spezielle) Leistungsbedingungen

Beziehung der gebührenmäßigen Unselbständigkeit -
gebührenmäßige Selbständigkeit -
Beziehung gegenseitiger Exklusivität (Entweder-Oder)

Rügen

der zu geringen Zahl von Vergleichsärzten
der unspezifischen Leistungszusammenfassungen
der Nichtberücksichtigung typischer Praxisumstände

Einwendungen

des unterbliebenen Kostenausgleichs zwischen verschiedenen gebührenmäßigen Leistungsarten
des unterbliebenen Kostenausgleichs zwischen gebührenmäßigen Leistungen und Verordnungsleistungen
der Kostenersparnis außerhalb der kassenärztlichen Tätigkeit

Methodische Hinweise

Zur nachträglichen Feststellung, was medizinisch notwendig war, bedarf es nicht nur der Vergegenwärtigung der Summe der Krankheitszeichen, wie sie sich dem Arzt seinerzeit darstellte (und ihrer medizinischen Einordnung), sondern auch einer (darauf aufbauenden) Beurteilung der (damaligen) Behandlungsmöglichkeiten (diagnostischer oder therapeutischer Art).

Sätze zur Legitimation des statistischen Verfahrens bzw. der Ablehnung von Einzelfallprüfungen

1. Die konkrete Überprüfung der ärztlichen Einzelleistung auf ihre Wirtschaftlichkeit ist nahezu unmöglich.
2. Selbst dann, wenn die Behörde bloße Abrechnungsfälle überprüfen wollte, wäre sie, um überhaupt ein Aufgreifkriterium an die Hand zu bekommen, auf einen Vergleich mit den (vergleichbaren) ärztlichen Fachkollegen angewiesen.
3. Dadurch, daß bei der Wirtschaftlichkeitsprüfung auch potentielle Abrechnungsfälle mit einbezogen werden, entsteht dem Arzt kein Nachteil, im Gegenteil: Prüft die Behörde statistisch-umfassend unter dem Gesichtspunkt der Wirtschaftlichkeit, so wird er der Bürde der Beweislast hinsichtlich der (verdeckten) Abrechnungsfälle gerade enthoben.
4. Auch beim Sachverständigengutachten sind die Erfahrungswerte des Gutachters regelmäßig nicht aus vollidentischen Verhältnissen genommen, sondern aus bloß hinreichend ähnlichen.
5. Kann man bei dem Vergleich zwischen dem Arzt und seinen Fachkollegen die beiderseitige (Teil-)Identität hinreichend optimieren, so bleibt unter dem Gesichtspunkt des Beweiswerts kein Grund, dem Beweisantrag des Arztes auf Vornahme einer qualitativen Einzelfallprüfung nachzugehen.
6. Die logische Grundstruktur des statistischen Vergleichs stimmt mit der unserer sonstigen Beweissätze überein: sie beruhen alle auf Häufigkeitserfahrung.

Definitionen

1. Notwendig ist das, was unter Berücksichtigung der konkreten Krankheit - ihres Erscheinungsbildes und ihrer Ursachen und Wirkungen - zweckmäßig erscheint, sei es im Rahmen der diagnostischen Erkenntnis des Krankheitsbildes, sei es beim therapeutischen Einsatz eines Mittels.
2. So wie die Indikation der Maßstab des ärztlichen Handelns ist, so ist sie auch das eigentliche Mittel, die Unwirtschaftlichkeit des Handelns zu objektivieren.
3. Ein „Abrechnungsfall" liegt dort vor, wo die Tatbestandsvoraussetzungen des gebührenrechtlichen Anspruchs fraglich bzw. streitig sind; ein „Indikationsfall", wo die medizinische Notwendigkeit in Frage steht.
4. Dem Anscheinsbeweis liegt der Gedanke zugrunde, daß eine Tatsache nach allgemeiner Lebenserfahrung mit überwiegender Wahrscheinlichkeit mit einer anderen Tatsache derart kausal (bzw. final) verknüpft sein kann, daß wir ohne konkrete Untersuchung des Zusammenhangs den analogen Schluß von der einen auf die andere Tatsache als gerechtfertigt ansehen, solange dem keine anderen Tatsachen (wahrscheinlichkeitsreduzierend) entgegenstehen.
5. Erbringt der Kassenarzt unter vergleichbaren Bedingungen einzelne Leistungen häufiger als seine Kollegen, so wächst in dem Maße, in dem diese Abweichung größer wird, auch die zur Sicherheit tendierende Wahrscheinlichkeit, daß er bei diesen Leistungen über das Maß des Notwendigen hinausgeht.
6. Der statistische Unwirtschaftlichkeitsbeweis ist im Gegensatz zum Anscheinsbeweis ein *unbedingter* Beweis. Mit ihm soll auch nicht die Unwirtschaftlichkeit des konkreten Einzelfalls, sondern die Unwirtschaftlichkeit als generelle Normabweichung bewiesen werden. Er ist nicht als bedingter Anscheinsbeweis, sondern als unbedingter Typikbeweis zu qualifizieren.
7. Das Vorbringen des Arztes gegen den statistischen Unwirt-

schaftlichkeitsbeweis ist nur dann schlüssig, wenn es geeignet ist, durch Zunahme von (Teil-)Identität (und damit durch eine Optimierung der Vergleichbarkeit) die Kostendifferenz (zwischen dem Fallkostendurchschnitt des Arztes und dem seiner vergleichbaren Kollegen) wesentlich zu verringern.

8. Der statistische Unwirtschaftlichkeitsbeweis setzt voraus, daß die wesentlichen Leistungsbedingungen des Arztes tatsächlich in den Vergleich eingegangen sind und mit den Leistungsbedingungen der verglichenen Ärzte übereinstimmen.
9. Die wesentlichen Leistungsbedingungen des Arztes können für eine *statistische* Wirtschaftlichkeitsprüfung nur die *typischen* Bedingungen sein, die also etwas Allgemeines, Durchgehendes haben, somit von einer relativen Häufigkeit bestimmt, aber auch in ihrer Geprägtheit überschaubar sind.
10. Beim Einwand des unterbliebenen Kostenausgleichs liegt die Ausgleichsfähigkeit darin begründet, daß einzelne gebührenmäßige Leistungen bzw. Verordnungsleistungen *methodisch* parallel liegen und in einem Entweder-Oder-Verhältnis stehen.
11. Wer den Einwand der Kostenersparnis erhebt, behauptet eine *hypothetische Kausalität* zwischen einem Unterlassen seiner Leistungen und Mehrkosten der Kasse.
12. Die *hypothetische Kausalität* zwischen dem Unterlassen der Leistung und anderweitigen Kostengründen ist der eigentliche Grund der Ausgleichsfähigkeit bei den Einwendungen des Kostenausgleichs bzw. der Kostenersparnis.

Rechtssätze

1. Die Nichterweislichkeit eines anomalen Hinderungsgrundes bzw. eines Erlöschensgrundes eines Rechts geht prozessual zu Lasten desjenigen, der sich (gegenüber dem sich auf den Rechtsanspruch berufenden Gegner) auf solche Ausnahmen beruft.
2. Die Verteilung der Beweislast ist letztlich daran zu orientieren, welche der beiden Verteilungsmöglichkeiten die soziale und rechtliche Güterordnung am wenigsten gefährdet.
3. Der Arzt trägt die Beweislast dafür, daß er eine gebührenordnungsgemäße Leistung erbracht hat.
4. Die Prüfbehörde trägt die Beweislast für die Unwirtschaftlichkeit der ärztlichen Leistung.
5. Ist aufgrund eines statistischen Unwirtschaftlichkeitsbeweises ein offensichtliches Mißverhältnis nachgewiesen, dann kann der Arzt dem grundsätzlich keine generelle Einzelfallprüfung entgegensetzen.
6. Die Prüfbehörde hat – durch Heranziehung von Ärzten mit den gleichen Leistungsbedingungen – alles zu prüfen, was der Arzt an typischen Praxisumständen aufweist. Eine Typisierbarkeit liegt jedenfalls schon dann vor, wenn eine statistisch ausreichende Zahl insoweit vergleichbarer Ärzte herangezogen werden kann.
7. Das Vorbringen untypischer, spezieller Praxisumstände ist unschlüssig; mit untypischen Praxisbesonderheiten läßt sich *kein Gegenbeweis* gegen den statistischen Unwirtschaftlichkeitsbeweis führen.
8. Die Prüfbehörde ist verpflichtet, dort, wo die Voraussetzungen des Kostenausgleichs bzw. der Kostenersparnis erkennbar vorliegen, die Minderleistungen zu berücksichtigen.
9. Läßt sich bei einer Einwendung des Kostenausgleichs die Entweder-Oder-Beziehung zwischen den beiden betreffenden Leistungsarten (Parallelität der Methode) nicht zweifelsfrei feststellen, so geht dies zu Lasten des den Einwand erhebenden Arztes.

10. Der Arzt, der den Einwand der Kostenersparnis erhebt, muß nachweisen, daß, wenn seine Leistung unterblieben wäre, bei seinem Patienten nach dem gewöhnlichen Lauf der Dinge eine die Kasse kostenmäßig belastende Leistung erforderlich gewesen wäre (hypothetische Erforderlichkeit).
11. Beim Einwand des Kostenausgleichs ist ein Entweder-Oder-Verhältnis zwischen zwei Leistungen vom Arzt erst dann nachgewiesen, wenn feststeht, daß er, hätte er die eine (überhöhte) Leistung nicht erbracht, nach seinem ärztlichen Dafürhalten die andere Leistung hätte erbringen müssen (hypothetische Kausalität).
12. Soweit der Arzt nur Rügen erhebt, verbleibt es bei der Beweislast der Prüfbehörde, soweit er Einwendungen geltend macht, trägt er selbst die Beweislast.
13. Anhand der Einzelfälle kann der Arzt den Gegenbeweis gegen den statistischen Unwirtschaftlichkeitsbeweis nicht führen.

Stichwortverzeichnis

GPSR Compliance

The European Union's (EU) General Product Safety Regulation (GPSR) is a set of rules that requires consumer products to be safe and our obligations to ensure this.

If you have any concerns about our products, you can contact us on ProductSafety@springernature.com

In case Publisher is established outside the EU, the EU authorized representative is:

Springer Nature Customer Service Center GmbH
Europaplatz 3
69115 Heidelberg, Germany

Batch number: 10844827

Printed by Printforce, the Netherlands